AF586908

HÉLOUIS

MAHOMET & L'ISLAMISME

IMPRESSIONS MAÇONNIQUES

DU

F∴ HÉLOUIS

Membre de la R∴ L∴ la Const∴, Am∴

(Ten∴ Solen∴ du 8 Mars 1888)

PARIS

Papeterie-Librairie J. MAUPAS

14, rue des Carmes, 14

1889

MAHOMET & L'ISLAMISME

IMPRIMERIE J.-F. DOSMOND
14, rue Pavée-au-Marais, 14

HÉLOUIS

MAHOMET & L'ISLAMISME

IMPRESSIONS MAÇONNIQUES

DU

F.·. HÉLOUIS

Membre de la R.·. L.·. la Const.·, Am.·.

(Ten.·. Solen.·. du 8 Mars 1888)

PARIS

Papeterie-Librairie J. MAUPAS

14, rue des Carmes, 14

1889

MAHOMET ET L'ISLAMISME

T.·. C.·. V.·. ET TT.·. CC.·. FF.·.,

En prenant aujourd'hui la parole pour vous faire connaître, conformément au règlement particulier de notre Atelier, mes impressions maçonniques, j'éprouve avant tout le besoin de solliciter toute votre indulgence. Si habitué que j'aie pu l'être, par mes fonctions, à traiter soit personnellement, soit comme interprète les questions les plus diverses, je savais toujours que je n'aurais qu'un nombre très restreint d'auditeurs, ou, pour parler plus exactement, de contradicteurs à convaincre. Cette assurance que j'avais, jointe à l'ignorance où je me trouvais des arguments que j'aurais à combattre, me mettaient dans l'obligation de ne compter que sur l'improvisation pour mener à bien ma tâche. Il n'en est plus de même aujourd'hui. Le fraternel accueil que j'ai reçu au milieu de vous, TT.·. CC.·. F.·., ainsi que les trop bienveillantes paroles que notre Vén.·. M.·. a bien voulu prononcer à l'occasion de mon initiation m'ont prouvé que j'avais enfin trouvé le milieu intellectuel dans lequel j'aurais toujours voulu vivre. Mais justement, à cause de cette communauté étroite d'idées et de sentiments, je me suis défié de mon inexpérience de la parole.

Ne voulant pas que ma pensée fût dénaturée par les hasards de l'improvisation, j'ai préféré recourir à sa moins attrayante, mais aussi plus fidèle interprète. J'ose donc espérer, TT.·. CC.·. FF.·., que le lecteur rencontrera en vous la même indulgence qui aurait sans nul doute été réservée à l'orateur.

J'avais d'abord eu l'intention de développer les réponses

que j'avais été amené à faire aux différentes questions qni m'avaient été posées le jour de mon initiation; mais j'ai pensé que les explications verbales que j'avais données avaient été assez claires pour permettre à chacun de vous de connaître mes opinions sur les grands problèmes moraux et sociaux dont l'étude figure en quelque sorte constamment à l'ordre du jour de nos travaux.

Certain, d'un autre côté, de ne pouvoir traiter ces graves questions avec assez d'autorité, j'ai préféré, TT.·. CC.·. FF., vous entretenir d'un sujet que mes études spéciales m'ont rendu plus familier et dans le développement duquel vous retrouverez certainement la plupart des réflexions que vous m'avez déjà entendu faire le soir de mon admission. Si donc notre Vén.·. M.·. veut bien me laisser la parole et si vous, mes CC.·. FF.·., croyez pouvoir trouver quelque intérêt à la courte étude que je vais avoir l'honneur de vous lire, je serai très heureux de vous faire partager ma manière de voir sur l'Islamisme et sur Mahomet son fondateur.

Mais, avant de vous parler de sa doctrine et des moyens qu'il a cru devoir employer pour la faire triompher, il convient de vous retracer à grands traits la situation psychologique d'un pays auquel sa parole enflammée allait donner un si furieux élan de fanatisme religieux qu'il le transportera presque simultanément aux bords de l'Indus et à ceux de la Garonne. Après avoir montré quelles étaient les croyances des Arabes, nous nous entretiendrons de leurs mœurs et, une fois cette légère esquisse terminée, nous reviendrons à Mahomet et à son œuvre.

Quelques années avant la naissance de Mahomet, c'est-à-dire dans les dernières années du sixième siècle de l'ère vulgaire, la péninsule arabique se trouvait partagée, au point de vue des croyances religieuses, en trois grands groupes : au Nord, les Juifs ; au Sud, les Chrétiens, et enfin, dans la partie centrale, les idolâtres.

Le premier de ces groupes se composait des descendants des familles juives qui avaient quitté la Palestine et la Syrie au temps des guerres de Titus et d'Adrien. Obligés de vivre au milieu de populations guerrières chez lesquelles la force primait tout, ils n'avaient pas tardé à adopter les mœurs de leurs nouveaux compatriotes. Devenus fiers et aussi jaloux de leur indépendance que leurs congénères orientaux modernes le sont peu, les Juifs de l'Arabie savaient défendre par la force des armes leurs droits méconnus. Mais, par un effet, bien souvent constaté, de leur exclusivisme religieux, ils ne cherchèrent jamais à faire de conversions autour d'eux. Cet ostracisme voulu, joint à leur aversion pour toute union avec des impies, ne leur permit pas de se développer et de pouvoir exercer, sur les destinées de leur patrie d'adoption l'influence à laquelle ils auraient eu le droit de prétendre.

Quant aux chrétiens qui occupaient, comme nous l'avons dit, les parties méridionales de l'Arabie, c'étaient d'anciens idolâtres qui, à en croire les chroniques de l'Église, devraient leur conversion à certains missionnaires dont les noms ne sont même pas venus jusqu'à nous. Il est plus que probable que ce sont les Éthiopiens ou Abyssins, chez qui le christianisme était florissant depuis de longues années, qui ont su, au moment où ils ont envahi le sud de l'Arabie, imposer leurs croyances aux vaincus.

Ces deux groupes ayant été ou détruits ou contraints par la force à abjurer leur foi, leur lutte avec l'islamisme ne saurait nous arrêter plus longtemps.

Le troisième et en même temps le plus consiérable des trois groupes, celui des Arabes idolâtres contre lequel Mahomet a dirigé tous ses efforts, mérite de fixer plus particulièrement notre attention.

Ces descendants de la race autochtone, rebutés au nord par l'exclusivisme des Hébreux et au midi par les obscurités théologiques de leurs vainqueurs chrétiens, conservèrent, en immense majorité, le culte de leurs ancêtres qui était l'idolâtrie.

Ils reconnaissaient l'existence d'un être suprême qu'ils nommaient déjà Allah. Bien qu'ils lui déniassent toute intervention dans les affaires humaines, ils se croyaient, par une inconséquence fréquente dans l'histoire des religions, obligés d'offrir leurs hommages à un grand nombre de divinités secondaires, chargées d'intercéder en leur faveur auprès de ce chef suprême. Les uns adoraient un palmier, un rocher ou un arbre, les autres pratiquaient un culte dont des vestiges subsistent encore chez les Ansariés du nord de la Syrie qui vénèrent les organes sexuels de la femme comme une image symbolique de la création. Le nombre des idoles augmenta bientôt dans une telle proportion que chaque tribu ne tarda pas à se choisir un Dieu particulier. Mais, comme depuis la plus haute antiquité, les Arabes avaient l'habitude de se réunir à une grande foire qui se tenait tous les ans à la même époque sur l'emplacement que la Mecque devait occuper plus tard, ils faisaient suivre leurs transactions commerciales de quelques pratiques superstitieuses qui avaient pour théâtre un petit édicule qu'ils nommaient Caaba et auquel ils attribuaient une origine divine. Cet édifice aurait été construit dans le ciel, par les anges deux mille ans avant la création. Le jour où apparut Adam, la Caaba fut transportée en Arabie. Malgré le caractère d'indestructibilité qu'aurait dû lui assurer un si haut patronage, l'immeuble divin ne tarda pas à souffrir des injures du temps. Dieu, agissant en propriétaire avisé, chargea Abraham qui était, assure-t-on, un architecte de talent du soin de procéder aux réparations. De plus, afin de lui donner une nouvelle preuve de sa bienvaillance, il lui fit remettre par l'ange Gabriel une pierre noire destinée à devenir la pierre angulaire de l'édicule, après avoir servi à l'architecte divin de marchepied miraculeux, s'élevant ou s'abaissant selon les besoins de son travail. C'est autour de la Caaba que se faisaient certaines processions dont les figurants entièrement nus devaient accomplir sept tournées en sautillant, après avoir embrassé la pierre noire. Cette pieuse relique qui avait, nous raconte gravement la légende mulsumane, lors de son arrivée sur la terre, la couleur vive et brillante du rubis, a perdu tout son éclat et est devenue noire à cause des baisers de tant d'hommes souillés d'iniquités. Les rares voyageurs européens qui ont visité la Mecque ont reconnu, dans ce fragment de rocher, les uns un morceau de lave et les autres un basalte volcanique. Là également devaient être égorgés des animaux offerts à la divinité en sacrifice expiatoire. Le grand concours de peuple qu'attirait cette fête annuelle engagea les Arabes à réunir dans la Caaba toutes les idoles dispersées jusqu'alors dans les tribus. Ce nouveau musée d'un fétichisme ridicule compta bientôt près de 400 divinités. En plus de cette idolâtrie polythéiste, la tradition rapportait l'apparition successive de deux prophètes, spéciaux aux Arabes, qui n'avaient d'ailleurs pas été plus écoutés que leurs nombreux collègues de la légende mosaïque. Maintenant que nous avons jeté un coup d'œil sur la constitution religieuse de ces peuplades barbares, nous allons étudier rapidement leurs mœurs et leurs usages.

Divisés, au point de vue politique, en une multitude de tribus qui n'avaient entre elles d'autre lien fédératif que le désir commun de participer à la bonne aubaine d'une expédition fructueuse, les Arabes du paganisme semblaient, par leurs divisions mêmes, voués à une disparition dont leurs mœurs paraissaient devoir hâter l'échéance.

Brigands de naissance et d'éducation, la pauvreté de leur territoire était pour eux l'excuse du pillage. Hospitaliers et chevaleresques, ils proclamaient la générosité et la défense des opprimés comme les plus nobles des vertus.

Les jeux de hasard, l'usage souvent immodéré du vin, la polygamie, les mariages entre beaux-fils et belles-mères et les commerces de galanterie étaient chez eux d'une pratique constante. Avec une froide cruauté, ils mettaient impitoyablement à mort la plupart des filles qui leur naissaient, dans la crainte qu'elles ne pussent un jour déshonorer leur nom. Vindicatifs à l'excès, la vendetta faisait chez eux partie du code de l'honneur. Les représailles continuaient de part et d'autre jusqu'à ce que le prix du sang eût été acquitté. Ce tarif de la vie humaine variait de vingt à mille chameaux suivant l'importance du guerrier dont il s'agissait de satisfaire le meurtre.

Une institution, fondée sur la prévision des excès que pouvaient entraîner des mœurs aussi belliqueuses, venait, chaque année, s'opposer aux fureurs des partis. Les hostilités étaient suspendues pendant quatre mois de l'année qui étaient consacrés aux travaux agricoles ainsi qu'au pèlerinage de la Caaba et à la tenue de la foire d'Ocadh, espèce de congrès littéraire où les héros de l'Arabie venaient célébrer, par la poésie, les exploits accomplis par la force de leurs bras. Les Arabes attachaient le plus grand prix à l'harmonie de la parole et au brillant des images. A défaut d'autre publicité, les poètes, dont les vers volaient de bouche en bouche, étaient des distributeurs de renommée dont les moindres louanges étaient aussi recherchées que leurs plus innocentes satires étaient redoutées.

L'Arabe enfin croyait aux songes, aux devins, à la magie, consultait le sort par le moyen de flèches qu'il agitait dans un sac de peau, pour en faire sortir une au hasard; il suspendait ou hâtait sa marche d'après le vol d'un oiseau, redoutait les génies et fuyait l'influence du mauvais œil.

Tel était le peuple à qui Mahomet songea à faire jouer au dehors un rôle actif pour lequel rien, dans son passé, ne semblait l'avoir préparé. Nous allons voir quels ressorts cet homme d'un génie aussi avisé que fécond saura faire jouer pour donner à un assemblage aussi disparate l'unité politique et religieuse indispensable pour parachever la grande œuvre qu'il avait conçue.

D'une famille illustre dans les fastes de l'Arabie par la noblesse de son origine et l'influence qu'elle avait toujours exercée sur ses compatriotes, Mahomet naquit à la Mecque le 29 août 570.

Sa naissance fut accompagnée, comme on devait s'y attendre, du cortège habituel des phénomènes surnaturels sans l'intervention desquels aucun prophète n'a jamais su naitre. Le palais des Cosroès à Ctésiphon s'ébranla et quatorze de ses tours s'écroulèrent; le feu sacré des pyrées s'éteignit; un lac se dessécha; le grand mage des Perses vit en songe son pays envahi par des chameaux; la mère de cet enfant dont la venue au monde causait tant d'émoi rêva qu'une lumière extraordinaire se répandait de son sein pour illuminer l'univers et enfin, ce qui était, paraît-il, un signe bien autrement convaincant, le futur prophète naissait circoncis. Malgré toutes ces manifestations plus ou moins évidentes de la protection divine, ce ne fut qu'à l'âge de quarante ans que Mahomet se sentit appelé à prêcher aux Arabes une religion nouvelle. La tradition raconte que, pendant ce laps de temps, il fut, dans son enfance, soumis à une opération chirurgicale qui réussit grâce à l'habileté professionnelle des praticiens qui la lui firent subir. Deux anges, en effet, le renversent un jour par terre, lui ouvrent la poitrine et en retirent le cœur pour le laver et le purifier. Nous ne pouvons que regretter l'oubli dans lequel est tombée une opération aussi simple.

Onze ans plus tard, Mahomet a l'occasion de rencontrer un moine chrétien devant lequel il éprouve sans doute le besoin de se dévêtir, car ce dernier découvre en lui le sceau de la prophétie qui consistait en une grosse verrue située dans le milieu du dos.

A vingt-cinq ans, à la suite d'un voyage commercial qu'il fait en Syrie pour le compte d'une riche veuve de quarante ans, âge plus que mûr pour une femme arabe, il se voit recherché par sa patronne qu'il épouse et trouve ainsi dans ce mariage la fortune qui lui manquait.

Dix ans après, une circonstance fortuite lui donna enfin quelque relief aux yeux de ses concitoyens. Le temple de la Caaba, qui décidément jouait du malheur, ayant encore besoin de réparations urgentes, on prépara les matériaux nécessaires. Arrivés à la hauteur où devait se placer la fameuse pierre noire, une dispute violente s'éleva entre toutes les tribus qui prétendaient à l'honneur de porter la sainte relique à la place qu'elle devait occuper. Chacun soutenait ses droits avec une extrême violence et la querelle allait devenir sanglante lorsque quelqu'un proposa de s'en rapporter au jugement de la première personne qui franchirait les limites de l'enceinte sacrée. L'expédient fut adopté et Mahomet se présenta au même instant sur le seuil du lieu saint. Appelé par acclamation à prononcer entre tant de prétentions diverses, il fit apporter un tapis sur lequel on posa la pierre noire, puis des hommes, choisis dans toutes les tribus, prirent sur ses ordres les bords du tapis et l'élevèrent jusqu'à l'endroit désigné. Ce fut alors Mahomet lui-même qui souleva la pierre et la scella dans le mur, consacrant ainsi par un premier acte le sacerdoce auquel il allait bientôt prétendre.

La critique scientifique, plus sévère que la tradition populaire pour tous ces miracles et toutes ces légendes, croit avoir établi que Mahomet consacra les années qui précédèrent son apostolat à donner d'abord des soins à sa santé qui ne fut jamais bien robuste, car, quel que soit le nom poétique que les historiens arabes aient voulu donner aux fréquents accès dont il souffrait et qu'ils attribuaient aux manifestations de l'esprit divin, rien ne nous empêche d'y reconnaître tous les symptômes de l'épilepsie. Il s'attacha en second lieu à l'étude des religions juive et chrétienne dont il s'appropria par la suite un certain nombre de préceptes.

Au moment où il va entreprendre la lutte qui illustrera son nom, Mahomet peut être dépeint, au dire des annalistes orientaux, sous les traits suivants : sa taille, moyenne, était admirablement proportionnée, sa peau blanche et rose; son front élevé semblait éclairé du feu qui sortait de ses yeux noirs; son nez aquilin se plissait au moindre signe de colère et sa bouche vermeille laissait voir, quand il souriait, des dents semblables à des perles. A ces avantages extérieurs il joignait la sincérité, la bienveillance, une grande pureté de mœurs malgré un tempérament très ardent, et surtout enfin un courage indomptable.

Au mois de janvier 611, il reçoit, par l'entremise de l'ange Gabriel qui ne devait plus cesser de remplir cette mission de confiance, sa première révélation suivie bientôt de quelques autres. Il enseigne alors à de bien rares néophytes ce culte à peine ébauché dont le point le plus saillant était l'unité de Dieu et la destruction des idoles.

Pendant trois ans, sa mission ne fut connue que de ses seuls adeptes. C'est sur l'ordre positif de Dieu que Mahomet commença à prêcher sa religion. Mais l'accueil peu flatteur que ses compatriotes firent à ses prédications, ainsi que les injures et les mauvais traitements dont ils l'accablaient le forcèrent à s'enfuir avec quelques disciples pour aller chercher un refuge à Médine. C'est l'année où cette fuite a eu lieu (622) qui a donné naissance à l'ère musulmane connue sous le nom d'hégire. A Médine, Mahomet gagne à sa cause de nouveaux adhérents et se sent déjà assez fort pour entamer contre les Mecquois, ses persécuteurs, une lutte dans laquelle il finira, après de nombreuses alternatives de gains et de revers, par remporter une victoire définitive qui lui ouvre à tout jamais les portes de la Mecque. Il avait, dans cet intervalle, dirigé contre les tribus juives et chrétiennes de l'Arabie plusieurs expéditions qui lui avaient assuré leur soumission ou leur conversion.

Rentré à la Mecque, en 630, après huit années d'exil, il s'empresse de faire détruire toutes les idoles que contenait la Caaba; mais, connaissant le respect que tous les Arabes professaient pour la fameuse pierre noire et les sept tournées sautillantes autour du temple, il en prescrit la conservation et fait de la vénération de l'une et de l'observation des autres un des dogmes fondamentaux de sa doctrine.

L'année suivante, il consacre encore ses efforts à la conversion des infidèles et a, au moment de sa mort, la satisfaction d'apprendre l'entrée dans le sein de la nouvelle loi des derniers hérétiques que comptait encore la péninsule arabique. Il meurt à Médine, le 6 juin 632, sans avoir désigné son successeur. Cette omission, volontaire ou non, a souvent été imitée par ses successeurs et a donné lieu à de sanglantes compétitions qui ont été une des principales causes de la décadence de l'empire des Arabes.

Il ne me reste plus maintenant qu'à vous entretenir, mes CC.·. FF.·., de la religion créée de toutes pièces par cet homme de génie qui a su l'adapter aux mœurs et aux goûts de ses barbares contemporains. C'est ce qui nous expliquera le succès prodigieux que l'Islanisme rencontre encore de nos jours, au détriment d'autres systèmes religieux, d'une moralité plus élevée, chez les peuples placés dans des conditions psychologiques analogues à celles qui nous occupent..

Moïse et Jésus avaient négligé de coordonner de leur vivant l'enseignement qui devait plus tard servir de base aux deux religions qui portent leur nom. Tout en se prétendant tous deux les interprètes de la divinité, ils avaient laissé à leurs disciples le soin d'établir le corps de doctrine de leurs systèmes théologiques. Il en était résulté dans les esprits une certaine hésitation à se conformer à des préceptes qui ne provenaient en quelque sorte que de seconde main. Mahomet voulut couper court à de pareilles tendances et résolut de créer, au fur et à mesure des besoins de chaque jour, uue espèce de communication ininterrompue entre lui et la divinité qui lui fournissait plus ou moins rapidement la solution des difficultés qu'il lui soumettait. Les réponses qu'il recevait ainsi forment, sous le nom de Coran, le code religieux et universel des musulmans. Si ce système offrait des avantages, en ce sens qu'il permettait à Mahomet de prendre son temps pour répondre aux attaques de ses adversaires, d'un autre côté, il laissait le champ libre à bien des redites et à des contradictions encore plus nombreuses. Car, par des circonstances qu'il n'était pas libre de modifier à son gré, Mahomet se trouvait fatalement amené à dénaturer, par exemple, dans une réponse faite à des juifs le sens d'une riposte destinée précédemment à des chrétiens. Cette incohérence et cette confusion rendent l'analyse du Coran excessivement difficile.

Laissant de côté toute la partie empruntée par Mahomet aux livres saints des juifs et des chrétiens et plus ou moins défigurée par lui, nous nous contenterons de résumer ses doctrines originales.

Les dogmes fondamentaux qui dominent l'enseignement religieux du Coran sont au nombre de trois :

1° L'unité absolue de Dieu: Dieu, d'après le Coran, est unique et éternel; il vit, il est tout puissant, il sait tout, il entend tout, il voit tout, il est doué de volonté et d'action ; il n'y a en lui ni formes ni figures, ni bornes ni limites, ni nombres ni parties, parce qu'il n'est ni corps, ni matière et qu'il n'a ni commencement ni fin.

2° La croyance au jugement universel.

Les méchants, au nombre desquels figurent, en première ligne les chrétiens et les juifs, passeront l'éternité dans un enfer où, après les avoir entouré de toutes parts d'un feu ardent qui leur fera endurer les douleurs les plus cuisantes sans toutefois jamais consumer complètement leur peau, on les abreuvera d'eau bouillante et on les nourrira de matières purulentes et des feuilles d'un arbre maudit qui embrasent les entrailles.

Les bons et les justes auront droit aux délices du paradis dont Mahomet nous fait la peinture suivante :

Orné de bosquets d'arbres aux fruits délicieux, sous l'épais ombrage desquels coulent silencieusement de frais ruisseaux aux eaux limpides et des rivières de lait, de miel et de vin, le paradis contient également de vastes parterres de fleurs embaumées et des vignes chargées de grappes vermeilles. Au milieu de toutes ces magnificences de la nature que favorise un climat tempéré et toujours égal, s'élèvent des galeries que surmontent d'autres galeries dont des tapis doublés de brocart, des coussins de soie verte, des lits élevés et des sièges ornés de métaux précieux et de pierreries forment le luxueux ameublement. Les élus, le front brillant, comblés de joie, revêtus d'habits somptueux en soie ou en satin de couleur verte et couverts de bracelets d'argent, d'or et de perles, parcourent tour à tour toutes ces merveilles et finissent par se rendre dans des pavillons isolés où les attendent avec impatience de ravissantes jeunes filles aux grands yeux noirs et aux seins arrondis dont le regard modeste et la virginité sans cesse renaissante attestent la pureté en même temps que leur teint aussi éclatant que l'œuf de l'autruche et leurs lèvres aussi rouges que le corail allument les désirs de leurs compagnons toujours dispos. Les élus et leurs houris s'asseyent ensuite à des tables que desservent avec agilité des jeunes gens si beaux, qu'on ne saurait mieux les comparer qu'à des perles détachées d'un collier. Des viandes et des fruits paraissent qui sont bientôt remplacés par des coupes et des gobelets d'or et d'argent massif contenant, au gré des convives, de l'eau, du lait, de l'hydromel, une boisson camphrée ou même un vin généreux, au bouquet de musc, dont une des moindres qualités est de ne jamais causer ni maux de tête ni étourdissements. Leurs discours ne sont pleins que de paroles de paix et de saluts sans aucun de ces propos frivoles qui mènent au péché. Eternellement jeunes, beaux et bien portants, ils vivent unis comme des frères et la contemplation quotidienne des anges, faisant cercle autour du trône et célébrant les louanges du Seigneur, est pour eux le plus attrayant des spectacles.

On aura sans doute remarqué que, dans cette peinture des joies réservées aux croyants, il n'est jamais question de leurs compagnes terrestres. Cette omission a fait penser aux commentateurs du Coran que le rôle si enviable des houris leur serait peut-être attribué. Mais, comme rien n'autorise une pareille supposition, il vaut mieux n'y voir qu'une preuve du parfait dédain que les orientaux ont toujours eu pour la femme.

3e dogme. — La prédestination.

Ce dogme auquel nous avons donné le nom impropre de fatalisme signifie, aux yeux des musulmans, que les hommes sont destinés de toute éternité à être du nombre des élus ou des réprouvés. Dans la première catégorie seront rangés tous les croyants et dans la seconde figureront les chrétiens, les juifs et généralement les sectateurs de toute autre religion que l'islamisme.

Si la foi, comprise dans les trois dogmes dont nous venons de parler, est la seule obligation spirituelle, imposée aux musulmans, ils doivent encore se soumettre au culte extérieur qui repose sur cinq bases fondamentales.

1° La profession de foi, ainsi conçue : il n'y a de Dieu que Dieu et Mahomet est son prophète.

2° La prière, cinq fois répétée dans les vingt-quatre heures.

3° L'aumône, s'élevant au dixième de la fortune de chaque fidèle.

4° Le jeûne du mois de Ramadham, pendant lequel, du lever du soleil à son coucher, les musulmans s'abstiennent scrupuleusement de manger, de boire, de fumer et même d'avaler leur salive.

5° Le pèlerinage de la Mecque qui doit être accompli, au moins une fois en sa vie, par tout croyant de l'un ou l'autre sexe.

La circoncision, à laquelle pourtant se soumettent presque tous les musulmans, n'est pas comptée au nombre de ces pratiques obligatoires.

Comme Moïse, Mahomet a donné une forme religieuse aux prescriptions hygiéniques, aux lois somptuaires; et les détails de la vie usuelle, l'usage de certaines viandes, la proscription de quelques autres, la manière de les préparer, la coupe, l'étoffe des vêtements, l'autorisation ou la défense de certains aliments sont prévus par le Coran.

La charité, la bonne foi, la modestie y sont l'objet des mêmes louanges que la haine de l'infidèle, la guerre sainte et le prosélytisme à la pointe de l'épée.

Comme code civil, le Coran peut être résumé dans les formules suivantes :

Tout musulman peut épouser légitimement quatre femmes à la fois et entretenir un nombre illimité de concubines. Il n'y a que Mahomet qui ait pu, grâce à sa qualité de prophète, enfreindre cette loi. Il s'est trouvé, à un moment de sa vie, le légitime époux de treize femmes et, à sa mort, neuf veuves se lamentaient autour de son cerceuil.

La dissolution du mariage s'opère par la répudiation ou le divorce.

L'homme est déclaré supérieur à la femme.

En fait d'héritage, tous les enfants mâles ont une part égale et cette part est du double de celle qui est destinée aux filles.

L'hommicide volontaire est expié par la mort, le meurtre involontaire ou accidentel par le prix du sang.

Le suicide est proscrit à l'égal du meurtre.

Toute blessure ou mutilation faite à autrui de propos délibéré entraîne la peine du talion.

Les voleurs doivent avoir la main coupée.

Telles sont, comme le dit excellemment un de mes savants prédécesseurs dans l'étude de la religion musulmane, les principales dispositions législatives empruntées par les musulmans au code que leur avait laissé leur prophète ; code incomplet pour avoir voulu tout prévoir, incohérent, contradictoire dans plusieurs de ses chapitres, dont les plus importantes prescriptions sont empruntées à la loi mosaïque.

Donné sans ordre, sans plan, sans unité, selon les besoins ou les caprices du moment, ce recueil contient quelques récits instructifs et touchants, quelques préceptes d'une saine morale, quelques descriptions animées qui se trouvent perdues au milieu de déclamations ampoulées et de répétitions fastidieuses.

On a peine à comprendre comment Mahomet a pu ranger sous cette loi confuse le peuple auquel il s'adressait et l'entraîner aux destinées nouvelles que lui préparait son fanatisme. Sans doute, sa parole accentuée, l'animation de ses discours, l'ignorance du temps se réunissaient, pour dérober à ses disciples la faiblesse des moyens qu'il mettait en œuvre pour les convaincre.

Il parlait à des hommes qui méprisaient la vie et promettait les délices du paradis à ceux qui tombaient sur le champ de bataille : tel fut le grand mobile de ses succès. Sa religion était la religion du sabre et c'est par le sabre qu'elle s'est étendue en peu d'années depuis le plateau de l'Asie centrale jusqu'aux frontières méridionales de la France.

Si vous avez eu, mes CC.·. FF.·., la patience de m'écouter jusqu'ici, vous avez pu constater avec moi que Mahomet a su créer une œuvre qui subira sans doute, un jour, comme toutes les productions similaires de l'esprit humain, des vicissitudes destinées à l'ensevelir dans l'oubli ; mais nous ne pourrons qu'admirer ensemble cette nouvelle preuve de la marche fatidique de l'humanité à la recherche d'un idéal de sagesse et de morale qui semble fuir devant elle et à la poursuite duquel nous sommes fiers, nous autres maçons, de ne pas perdre courage, soutenus que nous sommes par la certitude que la vérité est au bout de la carrière.

www.ingramcontent.com/pod-product-compliance
Lightning Source LLC
LaVergne TN
LVHW052036160826
845678LV00003B/1385

* 9 7 8 2 3 2 9 6 2 6 2 2 2 *